Christian Ley

Motiviert Extrem

Christian Ley

Motiviert Extrem

Ziele erreichen auf langer Strecke - Erfolgsgeschichte eines Weltrekordes

Trainerverlag

Impressum / Imprint
Bibliografische Information der Deutschen Nationalbibliothek: Die Deutsche Nationalbibliothek verzeichnet diese Publikation in der Deutschen Nationalbibliografie; detaillierte bibliografische Daten sind im Internet über http://dnb.d-nb.de abrufbar.

Bibliographic information published by the Deutsche Nationalbibliothek: The Deutsche Nationalbibliothek lists this publication in the Deutsche Nationalbibliografie; detailed bibliographic data are available in the Internet at http://dnb.d-nb.de.

Coverbild / Cover image: www.ingimage.com

Verlag / Publisher:
Der Trainerverlag
ist ein Imprint der / is a trademark of
OmniScriptum GmbH & Co. KG
Heinrich-Böcking-Str. 6-8, 66121 Saarbrücken, Deutschland / Germany
Email: info@verlag-trainer.de

Herstellung: siehe letzte Seite /
Printed at: see last page
ISBN: 978-3-8417-5090-7

Inhaltsverzeichnis

Vorwort

Hast du dir schon einmal insgeheim gewünscht, nur eine Stunde mehr am Tag zu haben? Eine Stunde mehr, um vor Feierabend alle Aufgaben zu erledigen? Eine Stunde mehr am Tag, um Zeit mit Freunden oder Familie zu verbringen, um wieder mal Sport zu treiben? Oder einfach nur eine Stunde, in der du mal ganz für dich alleine bist, deine ganz eigenen Projekte machen kannst?

Warum wünschst du dir diese Stunde? Weil du Ziele hast. Du willst endlich fitter werden, schlanker, vielleicht sogar gesünder. Du willst beruflich vorankommen, lästige Angewohnheiten loswerden und mehr für dein privates Glück tun. Und nie schaffst du es deine Ziele umzusetzen, weil immer etwas dazwischen kommt. Irgendetwas total Dringendes, die Mail noch schnell schreiben, die Bahn unbedingt noch kriegen, die Einkäufe erledigen und abends noch mal checken, ob nicht der Chef doch noch etwas auf die Mailbox gesprochen hat.

Dabei hast du doch Zeit. Wenn das alles wirklich so wichtig ist, warum sparst du nicht stattdessen am Schlaf? Statistisch gesehen verschlafen wir 25 Jahre unseres Lebens. Was könnten wir alles machen, wenn wir Schlafenszeit herausholen könnten. Die eine Stunde am Tag hättest du locker, vielleicht sogar zwei, drei vier davon. Ich habe eine Zeitlang nur zwei Stunden am Tag geschlafen – und dabei einen sportlichen Rekord aufgestellt!

Denn ich hatte ein Ziel: den Rhein auf einem Surfbrett von der Quelle bis zur Mündung in Weltrekordzeit herabzupaddeln.

Ein seltsames Ziel. Viele haben mir gesagt, ein verrücktes Ziel oder sogar ein gefährliches Ziel. Denn mein Einsatz war hoch. Ich habe mich wiederholt in Gefahr begeben und meiner Gesundheit sicher nicht immer Gutes getan. Einige haben mir vehement abgeraten oder meine Mission zum Scheitern verurteilt – gerade Menschen, die mir nahestehen. Freunde. Familie. Je lieber sie mich hatten, desto mehr Sorgen machten sie sich um mich.

Welche Ziele hast du konkret? Denk mal an letztes Jahr Silvester: Hast du dir vielleicht vorgenommen abzunehmen, mehr Sport zu machen, das Rauchen aufzugeben, wieder mehr auszugehen, mehr mit den Kindern zu unternehmen? Oder denk an deinen Beruf: Hast du vereinbart, dieses Jahr bestimmte Ziele zu erreichen? Die meisten Unternehmen vereinbaren Ziele, deren Erreichen belohnt wird. Meist mit Geld.

Besser noch als Geld ist das Gefühl, Erfolg zu haben. Jeder liebt den Erfolg. Sieh dich einmal am Arbeitsplatz um: Viele kosten den Ruf, besonders erfolgreich zu sein, deutlich mehr aus, als den Bonus, der im Frühjahr auf ihr Konto überwiesen wird. Und Erfolg bei selbst gesteckten Zielen fühlt sich noch zehn Mal besser an.

Noch besser fühlt man sich, wenn man eigene Ziele erreicht. Erfolg in einem selbstbestimmten Kontext fühlt sich einfach großartig an. Das kann jeder bestätigen, der vom Rauchen losgekommen und dabei auch geblieben ist. Der zehn oder zwanzig Kilo abgenommen hat und von seiner Umgebung darauf angesprochen wird. Der es tatsächlich durchgehalten hat, seinen ersten Roman zu schreiben. Und möglicherweise sogar zu veröffentlichen.

Mein selbst gestecktes Ziel war, den Rhein hinunterzupaddeln. Es ist schon eines der exotischeren Ziele. Aber das ist nicht das Entscheidende.

Entscheidend ist, dass man sich etwas vornimmt, was man wirklich erreichen will – und erreichen kann.

Das ist schon alles. Die Anleitung zum Erfolg ist hiermit beendet. Du kannst jetzt das Buch weglegen und dein Ziel verwirklichen. Wenn du etwas zum „wie“ erfahren willst, dann lies noch ein bisschen weiter. Ich erzähle von meinem Weltrekord auf dem Rhein, was es heißt zu scheitern, sich wieder zu fangen, wie ich mein Ziel nicht erreicht und doch erreicht und welche Lehren ich daraus gezogen habe und vor allem: was das alles mit dir zu tun hat.

Und jetzt hol dir bitte einen Stift.

Etappe 1: Zielvorbereitung

Vision

Hast du etwas zu Schreiben neben dir? Okay, dann fangen wir noch einmal an: Welches Ziel hast du? Und wie sieht die Herausforderung ganz konkret aus, der du dich stellen willst? Wer sich ein Ziel setzt, muss zunächst eine Vision im Kopf haben. Wo will ich hin, was möchte ich erreichen, was will ich ändern – an mir selbst oder an meiner Umgebung?

Fangen wir einmal bei mir an: Meine Vision ist, Menschen zu begeistern, aus der Komfortzone zu holen und mitzunehmen auf den Wellenritt ihres Lebens.

Ich selbst bin Surfer. Ich bin der Überzeugung, dass das Surfen ein Sinnbild für das Leben selbst ist: Der Surfer ist völlig abhängig von äußeren Umständen – Wetter und Wellengang – und wartet scheinbar untätig auf die entscheidende Welle. Aber wenn er sie spürt, muss er blitzschnell die Entscheidung treffen und sich ganz auf den Ritt ausrichten. Das sieht vom Strand kinderleicht aus, ist aber ganz schön anspruchsvoll. Wenn man ein guter Surfer sein will, muss man absolut fit sein, dabei zugleich geduldig, rücksichtsvoll und auch ein wenig demütig. Denn das Meer hat eine Urkraft, die einen manchmal buchstäblich umhaut. Ich liebe das Surferleben. Was jeder sieht und viele bewundern: diese tolle, souveräne Einstellung, die geradezu lässig wirkt. Was keiner sieht und nur wenige wissen: Man muss hart an sich arbeiten.

Wie im Meer gibt es auch im Alltag für jeden Menschen die Welle, die nur für ihn gemacht ist. Auf der er surfen kann, auf der er in seinen ganz natürlichen Flow gerät. Die ihn zum Erfolg führt. Das ist meine Vision.

Hast du auch eine Vision? Oder hältst du es mit Helmut Schmidt, der sagte: „Wer Visionen hat, soll zum Arzt gehen“? Eine Vision könnte sein, gesund zu leben oder bis ins hohe Alter fit zu bleiben, damit man weiter selbstbestimmt leben kann. Helmut Schmidt hat das auch ohne Visionen und als Kettenraucher geschafft, aber Bundeskanzler werden ohnehin nur Ausnahmemenschen.

Nun aber zum Ziel. Ich hätte mir als Surfer vornehmen können, eine 30 Meter hohe Monsterwelle bei Nazaré abzureiten und dabei Weltberühmtheit zu erlangen. Das wäre sicher schön gewesen, aber so gut bin ich auch wieder nicht. Dort trifft sich die Weltelite der Surfer, die meisten schon von Kindheit an jeden Tag auf dem Brett. Das geht bei mir allein schon aus praktischen Gründen nicht. Ich bin Rheinländer und die nächsten guten Surfstrände sind mehr als tausend Kilometer entfernt. Aber auch auf dem Rhein kann man sich auf dem Surfbrett bewegen. So kam ich auf die Idee, einen ganz anderen Weltrekord aufzustellen: Ich wollte der schnellste Einzelsportler der Welt sein, der den Rhein nur mit Muskelkraft bezwingt.

Daneben wollte ich noch mehr, nämlich das körperliche Erlebnis auskosten, das ein solches Unterfangen mit sich bringt. Sicher, vor allem ging es darum, die Komfortzone zu verlassen und wieder an einer neuen Aufgabe zu wachsen. Aber ich wollte auch ganz gezielt neue körperliche Erfahrungen machen.

Ziele

An dieser Stelle bitte ich dich, dein Ziel ganz konkret zu formulieren und hier niederzuschreiben. Es ist etwas anderes, ob man sich im Kopf etwas klar macht oder es aufschreibt. Das ist wie der Unterschied zwischen verstehen und erleben. Ich gebe dir ein wenig Hilfestellung, indem ich dir fünf Fragen stelle:

1. Was sind deine Ziele? Bitte beschreibe sie in je einem Satz.

---

2. Welche Bedeutung hat Gesundheit in deinem Leben?

---

3. Gibt es etwas, das du in deinem Leben verändern möchtest? Was würde sich ändern, wenn du es schaffst?

---

4. Woher beziehst du deine Energie?

---

5. Was ist deine absolute Leidenschaft? Schreib ein ganz konkretes Beispiel auf.

Zurück zu meinem Ziel: Der Rhein ist der längste Fluss Deutschlands, das weiß jedes Kind. Wenn man sich aber vor Augen führt, 1.200 Kilometer praktisch stehend und paddelnd zu überwinden, dann kann einem schon anders werden. Denn das ist die Strecke, die man von der Quelle bis zur Mündung zurücklegt. Bei 7 Tagen und 10 Stunden lag der bisherige Rekord. Den hatte der Schweizer Corrado Filipponi 2010 mit einem Kajak aufgestellt.

Ich überlegte, unter welchen Umständen ich bei dieser Bestmarke überhaupt eine Chance hatte. Gerade mal vier Stunden Schlaf hatte sich Filipponi pro Tag gegönnt. Mit einem Surfbrett ist man etwas langsamer als im Kajak. Ich hatte nur eine Chance, wenn ich meinen Schlafrhythmus noch weiter herunterschraubte. Zwei Stunden Schlaf, mehr waren nicht drin.

So etwas klingt völlig verrückt, ich weiß. Abe wenn du an die Ziele denkst, die man in Unternehmen zu erfüllen hat: Die sind mitunter ja nicht minder verrückt. Hundert Prozent Umsatzsteigerung für einen Vertriebsmann – das kann noch schwerer zu erreichen sein als mein Ziel. Die Motivationsforscher und auch die Personalabteilungen kennen daher die Formel SMART für die Zielformulierung: Spezifisch, messbar, attraktiv, realistisch und terminiert soll ein Ziel sein, damit es motiviert.

War mein Ziel smart? Nun, es war schon mal auf jeden Fall spezifisch. Messbar war es auch, schließlich gab es ja einen Rekord zu knacken. Attraktiv? Na klar! Ich bin ein Kämpfer, ich liebe den Wettbewerb und trete an, um ihn zu gewinnen. Was ist für jemanden wie mich attraktiver als ein Weltrekord?

Realistisch? Das war das einzige Kriterium, an dem ich zweifelte, denn ich hatte ja gar keine Ahnung, was die Realität für mich bereithielt. Terminiert war mein Ziel allerdings auf jeden Fall und zwar ziemlich knapp: Ich wollte noch im Sommer antreten, bis Ende August waren es sechs Monate.

Um herauszufinden, ob ich eine realistische Chance hatte, habe ich etwas getan, was eigentlich naheliegt, aber nicht jedem einfiele: Ich habe einfach Corrado Filipponi angerufen. Er war sehr nett am Telefon und wirkte ganz entspannt, als er von meinem Plan erfuhr. Wir sprachen eine Weile und ich erfuhr einige praktische Tipps.

Die erhielt ich auch von einem Surferkollegen, den ich kurz darauf kontaktierte, nämlich dem bis dato besten Standup-Paddler auf dem Rhein, der die Strecke bewältigt hatte – in 20 Tagen. Ich wusste nun mehr. Aber ob mein Ziel realistisch war, konnte ich immer noch nicht sagen. Und deswegen war mein Ziel auch eigentlich gar nicht smart. Aber das war mir mittlerweile egal, ich wollte es einfach wissen!

Motivation

Was motivierte mich, diese Tour überhaupt zu machen? Ich suche jedes Jahr eine sportliche Herausforderung, um meine eigene Komfortzone zu verlassen. Nach Steven Reiss, einem amerikanischen Motivationsforscher, gibt es 16 Motive, die – mehr oder minder ausgeprägt – unsere Präferenzen im Leben und damit unsere Motivationsstruktur beeinflussen.

Meine eigene Motivausprägung ist in drei Bereichen besonders ausgeprägt:

- Rache/Kampf = Ich will mich mit anderen messen.
- Sportliche Aktivität = Ich will meinen Körper spüren.
- Beziehung = Ich bin teamorientiert und will mit Menschen zusammen sein.

Hinzu kommt ein sozialer Aspekt. Seit Langem setze ich mich für die Villa Kunterbunt in Köln ein, ein Projekt, in dem psychisch kranke Kinder betreut werden. So ist meine Challenge auch als eine Art „sponsored walk“ zu sehen.

Ich hatte, bevor es losging, eine kleine Checkliste zur Hand. Die möchte ich nun mit dir teilen. Blättere noch einmal zurück und sieh dir deine Ziele an. Stimmen sie noch? Dann beantworte für dich selbst folgende Fragen:

Deine Zielvorbereitung:

- ✓ Welche Vision habe ich?

____

____

____

____

- ✓ Ist mein Ziel sexy? Was genau?

____

____

- ✓ Welche Motive sind bei mir besonders ausgeprägt?

____

____

____

____

- ✓ Welche Mittel brauche ich um mein Ziel zu erreichen?

____

____

____

____

- ✓ Welche Maßnahmen sind notwendig um mein Ziel zu erreichen?

____

____

____

____

Schreibe auch hier wieder deine Antworten hin. Es ist wirklich ein Unterschied, ob man seine Ziele immer wieder in Gedanken durchspielt oder sie niederschreibt. Beim Ausformulieren ordnen sich deine Ideen und Ziele, so dass eine Struktur entsteht. Das ist der erste Schritt heraus aus dem Gedankenkarussell, das ja doch nie wirkliche Ergebnisse bringt. Ich habe es an mir selbst erlebt.

Ich ging also ran an den Speck. Suchte mir Hilfe bei Stefan Schiefenhöfer, einem Coach, der Wildwasser-Kajak lehrt. Telefonierte mit Ämtern und erfuhr, dass mein Vorhaben erlaubt war. Trainierte Schmerzen auszublenden, übte auf dem Rhein und trainierte sogar über glühende Kohlen zu gehen, um mich mental abzuhärten. Ja, genauso wie man das noch von Christoph Daum in den frühen Neunzigern kennt, als er noch dieses Flackern in den Augen hatte.

Vor allem galt es den Schlafrhythmus umzustellen. Der monophasische Schlaf, also etwa acht Stunden am Stück, musste auf polyphasischen Schlaf umgestellt und zugleich schrittweise reduziert werden. Ich nutzte ein Schlafsschema, das mit einer Siesta beginnt und schrittweise den Tag in kurze Schlaf- und lange Wachphasen aufteilt. In der Endphase sind es nur noch sechs Mal 20 Minuten Schlaf im Abstand von dreieinhalb Stunden vorgesehen. Dies nennt sich die Übermensch-Methode. Das klingt in deutschen Ohren sehr befremdlich, so nach Nietzsche oder nach Superhelden wie dem Hulk. Man fühlt sich tatsächlich in der Endphase auch sehr befremdlich. Ich brauchte bei der Umstellung in die jeweils nächste Phase zwei bis drei Wochen, bis ich mich daran gewöhnt hatte. Als ich auf zwei Stunden Schlaf pro Tag gekommen war, sah ich mich zwar nicht als Übermensch, aber doch als außergewöhnliches Wesen. Ich war sehr leistungsfähig. Aber ich wurde auch recht einsam: Häufig war ich alleine, weil alle anderen schliefen. Ich ging nicht mehr mit meiner Freundin zusammen ins Bett und wachte auch nicht mehr neben ihr auf.

Es war eine seltsame Zeit. Ich hatte immer Ohrstöpsel und Augenmaske dabei, schlief auf dem Boden, im Auto, auf dem Sofa, fast nie im Bett. Lange Autofahrten waren tabu, denn ich neigte zu Halluzinationen und Sekundenschlaf. Ruhige Tätigkeiten waren schwer durchzuhalten, weil ich einnickte, besonders nachts. Also begann ich nachts zu trainieren, den Haushalt zu machen, schließlich legte ich mir sogar einen Zauberkasten zu und übte Tricks. Nachts hat man eine Menge Zeit, wenn man kaum schläft.

Der Trainer fand meine Ziele unrealistisch, also verdoppelte ich meinen Takt. Ständig fuhr ich auf dem Rhein auf und ab, zwei Stunden stromaufwärts, eine Stunde stromabwärts. Von Bonn nach Köln. Von Köln nach Krefeld, Von der Loreley nach Köln. Und ich redete mir natürlich meine Lage schön: Marathonläufer liefen ja auch nicht die ganze Strecke nur zur Probe. Alles werde sich schon fügen.

Etappe 2: Ziel-Check

Herausforderungen und Ängste

Und dann war es soweit. Ich stand am 27.August um sieben Uhr morgens im schweizerischen Chur am Oberlauf des Rheins. Es war gerade noch Sommer, eigentlich eine ungünstige Zeit. Denn am Ende des Sommers steht der Pegel besonders niedrig. Überall stehen Steine an, manche dicht unter der Oberfläche, es ist trocken und das Wasser windet sich im viel zu großen Bett.

Aber ich wollte das warme Wetter nutzen. Es ist ja so, dass man ständig nass wird, zum Beispiel wenn man vom Brett fällt, was gar nicht so selten passiert. Sehr kalt darf es da nicht sein, auch nachts nicht. Und die Nächte sollten recht kurz sein, denn die sind ein Problem für mich: Die Sicht ist schlecht, das Unfallrisiko größer – und ich habe Angst vor der Dunkelheit.

Das hat sich mehr oder weniger angeschlichen. Wenn ich nachts durch eine Straße gehe, sehe ich mich manchmal unwillkürlich um, ob ich verfolgt werde. Es gibt keinen rationalen Grund dafür, manchmal entwickeln sich solche Ängste von alleine. Vor der Tour hatte ich mir psychologischen Rat geholt. Eine Ursache fanden wir nicht, aber wir gingen das Problem mit verstärkter Konfrontation an. Schließlich durfte ich ja nicht einfach nachts auf dem Brett in Panik ausbrechen.

Die ersten Kilometer waren sehr wild. Der Alpenrhein ist ein reißender Gebirgsfluss voller Steine und Stromschnellen. Oft bin ich mit meinem Brett angestoßen, ins Wasser gefallen, habe mich aufgerappelt, und wenn es nicht anders ging, habe ich eine Stromschnelle auch umtragen. Die Finne am Brett hatte ich mit Bedacht nur locker angebracht, sie wäre mir sonst an einem Felsen sicherlich zerschmettert worden.

Nach Felsen, Trockenheit und Wildwasser wartete am Nachmittag die nächste Herausforderung auf mich: der Bodensee. Der größte See Deutschlands, eine immense Wasserfläche. Plötzlich riss die Strömung ab. Dafür kam Wind auf.

Ich hatte mich entschieden, nicht quer über die Mitte zu paddeln – zu gefährlich –, aber auch nicht am Ufer entlang – zu langsam. Ich fuhr in Sichtweite zum Ufer in langen Bögen, denn alle dreieinhalb Stunden musste ich ja auch wieder anhalten, Pause machen, essen, schlafen.

Auf meinem Brett war ein GPS-Sender angebracht, damit mein Team meinen Standort hatte. Dummerweise funktionierte der Livestream in der Schweiz nicht. So konnte mein Team, das am Südufer entlangfuhr, meinen Standort nicht ausmachen. Ich war allein auf mich gestellt auf diesem See, der so groß ist, dass er auch „Schwäbisches Meer" genannt wird. Ich musste sehr viel telefonieren, damit ich nicht den Kontakt verlor, ansonsten orientierte ich mich an der Karte in meinem Kopf und später an den Lichtern am Ufer.

Das war für mich eine Herausforderung, die ich zuvor nicht habe kommen sehen. Stundenlang auf dem Brett paddeln, ohne den Eindruck zu haben, überhaupt voranzukommen. Ich hätte nicht sagen können, ob ich in einem Durchgang meine 35 Kilometer gemacht hatte oder vielleicht nur zehn.

An dieser Stelle werde ich übrigens häufig gefragt wie das überhaupt mit Toilette funktioniert hat: Schließlich wollen 10 Mahlzeiten am Tag, 12.000 Kalorien und literweise Flüssigkeit auch wieder raus. Ich habe in der ganzen

Zeit auf dem Rhein nur eine einzige Toilette gesehen, ansonsten war ich auf mich allein gestellt: Freestyle auf dem Fluss!

Dieser erste Tag also war die Gelegenheit für einen Ziel-Check: War ich überfordert, unterfordert oder im Gleichgewicht? Wenn alles passt, gerät man in einen ganz eigenen Zustand, in dem man ganz in seiner Tätigkeit aufgeht. Dieses Erleben beschreiben viele als die eigentliche Erfüllung, das komplette Aufgehen im Hier und Jetzt. Alles scheint einfach und alles scheint zu gelingen. Mann nennt es Flow-Zustand.

Im Flow kann man praktisch bei jeder Tätigkeit sein. Kennst du das auch? Ganz in etwas aufgehen? Sich im Flow befinden ist ein fantastisches Gefühl. Warst du schon mal im Flow? Beim Schreiben? Beim Garten umgraben? Eigentlich geht es bei jeder Tätigkeit. Ein japanischer Zen-Meister hat mal gesagt, es geht auch beim Kartoffelschälen. Man kann sich sogar vornehmen, der beste Kartoffelschäler der Welt zu werden. In diesem Moment lebt man halt nur für das Kartoffelschälen. Nun war meine Rheintour natürlich etwas anderes als Kartoffelschälen. Aber das Prinzip ist dasselbe.

Aber kommen wir mal zu dir und deinen Zielen: Wie siehst du das? Fordert dich dein Ziel, unter- oder überfordert es dich? Wenn ein Ziel nicht fordert, braucht man es sich nicht vorzunehmen. Morgen zur Arbeit zu fahren, auch wenn sie dich langweilt, ist kein Ziel, sondern das Ausharren in einer Komfortzone. Selbst dann, wenn deine Arbeit nicht nur langweilig ist, sondern dir auch noch Unannehmlichkeiten bringt. Komfort ist nicht zu verwechseln mit einem guten Gefühl. Selbst im Leiden können Menschen sich einrichten, einfach nur, weil es bekannt und vertraut ist. Fordernd wäre dagegen das Ziel, innerhalb von drei Monaten einen neuen Job zu finden und beim alten Arbeitgeber zu kündigen.

Ein Ziel muss also aus der Komfortzone führen. Es darf aber auch nicht überfordern. Unerreichbare Ziele entmutigen dich. Zum Beispiel ist es zwecklos, sich vorzunehmen auf den Mars zu fliegen. Ziele mit zu hohem Risiko sind ebenfalls nicht gut, denn sie führen schnell in eine Panikzone. Die ist auch nicht schöner als die Komfortzone. Die Monsterwelle in Nazaré wäre für mich ein Beispiel für eine Panikzone gewesen.

Wenn du ein Ziel hast, für das du wirklich etwas leisten musst, stellt sich schnell die Ressourcenfrage. Du wirst die Anstrengung über einen längeren Zeitraum durchhalten, auf manche Dinge verzichten müssen. Es wird Hindernisse und Rückschläge geben. Wichtig ist, bereits im Voraus abzuschätzen, was dir passieren kann. Denn Motivation und Mut sind auch Ressourcen. Diese zu erhalten, ist deine oberste Pflicht. Wer irgendwann keinen Bock mehr hat, gibt auf.

Dein Ziel-Check:

- ✓ Was fordert/überfordert mich auf der Reise zu meinem Ziel?

  ____

  ____

  ____

  ____

- ✓ Suche ich den Wettkampf oder die Harmonie? Wie beeinflusst das mein Vorgehen bei der Zielerreichung?

  ____

  ____

- ✓ Wie hoch ist der Zeitaufwand? Wie viel Zeit kann ich investieren?

  ____

  ____

- ✓ Auf was bin ich bereit zu verzichten?

  ____

  ____

  ____

  ____

- ✓ Was steht mir und meinem Ziel noch im Wege? Wovor habe ich Angst?

  ____

  ____

  ____

  ____

Mein größtes Problem am ersten Tag war nicht die körperliche Anstrengung, sondern meine Ängste. Wie befürchtet, schlugen sie nachts zu. Die erste Nachtfahrt, die ausgerechnet von Einsamkeit und Kommunikationsproblemen begleitet war, forderte mich mehr, als ich gedacht hatte. Meine Angst vor Dunkelheit war eine echte Herausforderung.

Aber jede Nacht geht vorbei. Irgendwann erreichte ich Konstanz, wo sich der See wieder zu einem Flusslauf verengt und die offizielle Rheinkilometrierung beginnt. Ziel des ersten Tages waren die Rheinfälle in Schaffhausen, 175 Kilometer flussabwärts von Chur. Bis dahin war noch der Untersee zu durchqueren – im Vergleich zum eigentlichen See ein einfacheres Unterfangen. Ich lag in der Zeit, ich war motiviert und zuversichtlich.

Etappe 3: Erfolgsteam zusammenstellen

Orientierung, Liebe und Vertrauen

Das hat sich bislang wie eine ganz tolle Ein-Mann-Show angehört, nicht wahr? Die Wahrheit ist, dass ich ohne mein Team nicht nur die Tour gar nicht geschafft hätte, sondern dass ich nicht einmal hätte anfangen können. Niemand kann alles alleine schaffen. Und eine Herausforderung wie diese braucht ein besonderes Team.

Ich habe eben erzählt, dass ich die erste Nacht sehr viel mit meinem Team telefonieren musste. Ganz ehrlich: das hat mir längst nicht nur bei der geographischen Orientierung geholfen, sondern ich bekam auch Trost. Trost kann viel wichtiger sein als praktische Anweisungen oder Lösungsvorschläge, denn eine unsichere Seele muss unabhängig von einem unsicheren Kopf versorgt werden. Meine verängstigte Seele jedenfalls brauchte Zuspruch. Meine Freundin und die anderen im Team machten mir Mut und sagten mir immer wieder, ich solle mir keine Sorgen machen. Das hört sich ein bisschen platt an, aber genau das wollte ich hören, nicht mehr.

Ich muss dazu sagen, dass es die erste Nacht überhaupt war, die ich durchgefahren bin. In der Vorbereitung hatte ich ja immer nur drei Stunden getestet und zwar meist tagsüber. Nun brauchte ich jemanden, der mir buchstäblich durch die Nacht half.

Was ist ein Team? Für mich sind es Menschen, die ich liebe und von denen ich so geliebt werde wie ich bin. Ich kann und will keine Geheimnisse haben, bewundert werden oder mich vor ihnen beweisen. Sie kennen mich und sie helfen mir um meinetwillen und weil sie hinter meinen Zielen stehen. Ich weiß, dass ich meine Liebsten damit oft anstrenge. Meine Freundin wurde vor der Tour einmal zu dem Thema interviewt. Sie hat mich da schön beschrieben: „Der Chris ist sehr eigen, der ist sehr zielstrebig und wenn er sich was in den Kopf setzt, dann am besten: sofort!“ Und dann sagte sie: „Ich finde das sehr bewundernswert. Ich bin manchmal auch ein bisschen crazy, von daher... Wenn ich so einen Traum hätte wie er, würde ich auch von ihm verlangen oder mir wünschen, dass er mich unterstützt.“ Damit ist eigentlich alles gesagt, oder?

Als Leistungssportler muss man seinem Team rückhaltlos vertrauen. Das Team unterstützt dich nicht nur, es trifft auch Entscheidungen für dich. Wer sich in solche Extremsituationen begibt, ist nicht immer Herr der Lage und kann manchmal nicht mehr selbst bestimmen, was gut für ihn ist. Deshalb habe ich meinem Team auch gesagt, dass die Entscheidung die Tour abzubrechen nicht mehr meine ist. Ich wusste: Bin ich ein einer Art Runner's High, kann ich gar nicht mehr selbst wissen, was gut für mich ist. Sie würden schon das Richtige tun, war mein Gedanke. Das ist ja schließlich die Teamleistung. Im Team ist niemand allein, dort kann man sich abstimmen und gemeinsam entscheiden, was zu tun ist.

Umgekehrt konnte das Team sich natürlich auch auf mich verlassen. Auf so einer Tour kann man sich nicht verstellen. Meine Leute wussten immer sofort, was ich brauchte. Ich war nämlich alles andere als ein Lonesome Hero, der in den Sonnenuntergang surft. Ich hatte Hunger, Durst, war müde, traurig, orientierungslos, ich fror, schwitzte, hatte Schmerzen oder Angst. Und dann wieder war ich euphorisiert und bis oben voll mit Adrenalin und körpereigenen Endorphinen, scheinbar nicht zu bremsen und immer an der Schwelle zum totalen Leichtsinn. Ich musste einfach vertrauen, dass sie schon das Richtige tun um mich zu unterstützen.

Die erste echte Gefahr, in die ich dann fast geraten wäre, hat trotzdem keiner wirklich auf dem Schirm gehabt. Gerade war ich durch das wirklich hübsche Örtchen Rheinfelden gekommen, als ich plötzlich ein Rauschen hörte. Wasserrauschen. Von der Streckenvorbereitung her wusste ich, dass hier weder Stromschnellen noch Wehre waren, aber es hörte sich wirklich beeindruckend an. Ich paddelte gerade auf eine Brücke zu und entschied mich, in die Flussmitte zu wechseln. Das Rauschen wurde immer lauter und als ich unter der Brücke hindurchsteuerte, sah ich rechts von mir einen riesigen Strudel – mitten in der Fahrrinne! Er war so groß, dass er ganz leicht mein Brett hätte packen können.

Hier ging mir das erste Mal wirklich die Pumpe. Ich weiß nicht, wie groß die Gefahr in dem Moment wirklich war, aber sie war real. Später fanden wir heraus, dass dies das St.-Anna-Loch war, das bis in eine Tiefe von 30 Metern hinabreicht. Das Rheinbett ist sonst vier bis sechs Meter tief. Immer wieder gibt es dort tödliche Unfälle, meist zieht es Schwimmer nach unten. Seit tausenden von Jahren ranken sich Legenden um das Loch, angeblich sollen Hunnen eine goldene Glocke dort versenkt haben und Leichen von Ertrunkenen nie wieder auftauchen.

Mein Ziel am Tag 2: Basel. Ich erreichte die Stadt wie geplant, wir hatten sogar 50 Kilometer Vorsprung vor Filliponi! Es war der beste Tag überhaupt auf dieser Tour: Alle waren hoch motiviert, alles lief nach Plan. „So kann es weitergehen", dachte ich mir, „jetzt noch drei Tage in dem Tempo, dann haben wir's!" Du ahnst es sicher schon: Es sollte etwas anders kommen als gedacht.

Dein Erfolgsteam:

- ✓ Woher bekomme ich Orientierung?

____

____

____

____

- ✓ Was liebe ich?

____

____

____

____

- ✓ Von wem werde ich so geliebt, dass ich sein kann wie ich bin?

____

____

____

____

- ✓ Wem vertraue ich, wenn es mir mal schlecht geht?

____

____

____

____

- ✓ Wer unterstützt mein Vorhaben?

____

____

____

____

Hast du schon mal ein Team zusammenstellt? Vielleicht damals im Sportunterricht, wo die Mannschaftsführer abwechselnd Mitschüler ausgesucht haben, natürlich erst die besten, dann die schlechteren. Selbst da spielte auch viel Sympathie mit hinein, da zählte längst nicht nur „Leistung", die man ja nebenbei sowieso nicht genau abschätzen konnte. Da zählten auch Verlässlichkeit und Teamfähigkeit. Und da sind wir schon beim wichtigsten Kriterium: Wer in einem Team ist, sollte fähig sein, in einem Team zu arbeiten. Hört sich trivial an, ist es aber nicht.

Heute gibt es Teams in allen Lebenssituationen. Projektteams, Abteilungen, Elterninitiativen, Kegelclubs, Bautrupps, Lern- oder Fahrgemeinschaften. Aber es ist nicht häufig, dass man selbst eins zusammenstellen darf, frei von jeder Einschränkung. Bei deinem Ziel darfst du das. Du musst es sogar. Kannst du mit der Freiheit umgehen?

Sieh dir die Checkliste noch einmal an: Die ersten zwei Fragen beschäftigen sich nicht mit dem Team, sondern mit dir! Beantworte sie unbedingt zuerst, natürlich schriftlich. Was gibt dir Orientierung im Leben? Hast du bestimmte Werte, hängst du Ideen an oder organisierst du dich in Vereinen, Initiativen, vielleicht einer Partei? Was liebst du? Fußball, Mädchen, schnelle Autos? Mode, Eierlikör und gute Gespräche? Sicher fällt dir abseits dieser Klischees ein, wofür du brennst. Zusammengenommen beantworten diese beiden Fragen die Prioritäten in deinem Leben. Dein Team sollte diese Prioritäten teilen, sonst wird es – selbst bei großer persönlicher Sympathie – wohl kein sehr gutes Team sein.

Dein Team muss nicht nur deine Sache, sondern auch dich lieben. Ich selbst habe meine Freundin als einziges dauerhaftes Mitglied im Team gehabt, denn die Kraft, die sie mir zu geben vermag, kann mir niemand anderes geben. Viele entscheiden sich auch für beste Freunde oder langjährige

Begleiter. In jedem Fall sind es Menschen, denen du dich anvertrauen kannst, wenn du glaubst, das Ziel nicht zu erreichen. Das Team bewährt sich gerade dann ganz besonders, wenn es einem schlecht geht. Mir ging es ja prima. Aber das sollte sich ganz schnell ändern.

Etappe 4: Flexibel bleiben

Flexibilität, Rückschläge und Stress

„Der dritte Tag ist der schlimmste“, wussten alle, die mich vor der Tour beraten hatten. Und sie sollten Recht behalten: der dritte Tag wurde beinahe eine Katastrophe.

Ab Basel ist der Rhein kanalisiert, vollständig schiffbar – und öde: An beiden Ufern blickte ich auf betonierte Böschungen, dahinter endlose Pappelreihen. Nicht gerade abwechslungsreich. Zugleich wurde es kniffliger, denn Schiffe sind eine echte Gefahr: Selbst wenn sie dich sehen, können sie dir nicht ausweichen. Sie fahren einfach über dich drüber, auch wenn sie abzudrehen versuchen, denn sie sind träge. Und sie haben natürlich Vorfahrt. Ich musste selbst zusehen, dass ich ihnen aus dem Weg gehe. Das war nicht immer einfach und erforderte oft delikate Entscheidungen: Wann nutze ich die Fahrrinne, um in der schnelleren Strömung besser voranzukommen, wann orientiere ich mich zu meiner eigenen Sicherheit näher ans Ufer, wo ich vergleichsweise langsam vor mich hindümple?

Was ich aber vollkommen unterschätzt hatte, waren die Staustufen. Die gibt es am Niederrhein nicht. Es sind monströse Bauwerke aus Beton mit Schleusen, in die auch noch die längsten Kohlenschlepper passen. Für einen Surfer ist es völlig unmöglich, durch Schleusen zu paddeln, er würde es bei den Turbulenzen möglicherweise nicht überleben. Ich musste also rechtzeitig eine Ausstiegsstelle finden und das 20 Kilo schwere Brett um die Staustufe herumtragen. In der Regel sind Ausstiegsstellen Treppen aus Beton, die einige hundert Meter vor dem Schleusentor aus dem Wasser führen. Manchmal verpasste ich sie, dann musste ich zurückpaddeln. Nahm ich eine zu früh, lief ich unnötig lange.

Es dauerte, bis ich so eine Staustufe auf dem Ufer umgangen hatte; zweimal brauchte ich sogar eine Stunde dafür. Das war schon anstrengend genug; schlimmer war, dass mich das immer wieder aus dem Flow riss. Ständig rein in die Kartoffeln, raus aus den Kartoffeln – so gerät man in keinen meditativen Zustand.

Wenn man nicht im Flow ist, dann macht sich alles doppelt bemerkbar. Die Schmerzen, die Müdigkeit, der Frust, der Gegenwind, der jetzt wirklich kräftig blies und mich kaum noch vorankommen ließ. Als dann ein Gewitter aufkam, musste ich das erste Mal eine Zwangspause einlegen. Die Zeit zerrann mir zwischen den Fingern.

Dass mir zwischendurch einmal die Finne kaputtging, machte die Sache nicht besser. Seit ich in tiefem Wasser surfte, hatte ich sie fest am Brett befestigt. Aber auch am Oberrhein ist man vor Untiefen nicht ganz sicher. Als ich dann ohne es zu merken über eine Felskante fuhr, passierte zwar das Brett, aber die Finne blieb hängen. Es fühlt sich an wie ein Autounfall: es gibt einen enormen Ruck und ein schwer einzuschätzendes, aber beängstigendes Geräusch von gestauchtem Material. Das Brett blieb hängen und ich flog mit meiner vollen Reisegeschwindigkeit ins Wasser. Ich musste zu meinem Board zurück, irgendwie sehen, dass ich ans Ufer kam und meinem Team Bescheid sagen. Die Finne haben wir dann austauschen müssen und es ging weiter.

Nachts kam Nebel auf. Ich hatte Probleme, die Positionslichter der Schiffe zu erkennen, vom Ufer sah ich ohnehin nichts mehr. Mein eigenes 360-Grad-Licht reflektierte im Nebel, meine Helmlampe knipste ich gleich ganz aus, die blendete mich nur.

Das lange Teilstück auf der Grenze zwischen Frankreich und Deutschland hielt eine Menge Tücken für mich bereit. Hier teilt sich der Rhein oft in zwei Arme auf, von denen einer schiffbar ist, der andere zur Energiegewinnung genutzt wird. Häufig befand sich der Arm mit den Flussturbinen auf der deutschen Seite, so dass ich rechtzeitig in die Strommitte musste, um der Fahrrinne zu folgen. Ich wollte ja schließlich nicht über die Wehr stürzen und in den Turbinen zu Hackfleisch geschreddert werden.

Auf der Insel, die die beiden Arme teilt, stehen große Ampeln, die den Schiffsverkehr regeln. An diesem Abend konnte ich aber noch nicht einmal die Lichter erkennen, so dicht war der Nebel. Ich rief mein Team an. Auf die deutsche Seite hätten sie mehr als eine Stunde gebraucht, weil Brücken auf diesem Teilstück rar gesät sind. Auf der französischen Seite waren sie in zehn Minuten da. Als sie auf dem linken Ufer standen, riefen sie mich.

Nur per Rufen die Orientierung zu behalten, dabei aufzupassen, nicht durch die Strömung zu weit abgetrieben zu werden und zu allem Überfluss auf Turbinen und Schiffe zu achten, war zu viel. Ich war nicht mehr weit vom anderen Ufer entfernt, als von links mit hoher Geschwindigkeit ein Schiff heranrauschte. Meine Freundin hat mir anschließend erzählt, dass sie alle die Köpfe weggedreht hatten, um den grausigen Moment nicht mitansehen zu müssen, in dem ich von einem Boot überfahren werde. Ich hatte Glück: die Kollision blieb aus, ich war um Haaresbreite entkommen.

Wir machten dann erst einmal eine Pause. Der Nebel war ohnehin zu dicht – und mir war der Schreck ordentlich in die Glieder gefahren. Zeit für zwanzig Minuten Tiefschlaf.

Immer wenn es schlecht läuft und man denkt, dass es nicht schlimmer kommen kann, dann kommt es schlimmer. In derselben Nacht wurde mir an einer Schleusenanlage das Surfbrett geklaut. Ich wollte es nach der Schlafpause aufnehmen, aber es war nicht mehr da. Ich rief mein Team, sie zeigten mir die Stelle, wo sie es hingelegt hatten. Wir waren ratlos. Da befiel mich eine Gefühlsaufwallung, die sich zwischen rasender Wut, tiefer Verzweiflung und sarkastischer Hoffnung bewegte. Tatsächlich war mein erster Gedanke: „Na bitte, so kommst du einfach aus der Nummer raus!“ Es war zu viel auf einmal, ich hatte keine Lust mehr.

Ich war jetzt wirklich in seelischem Stress. Mein Team musste mir intensiv den Rücken stärken, bis ich wieder einen vernünftigen Gedanken fassen konnte. Erst dann begann ich, über Lösungen nachzudenken. „Wer kann uns bis morgen früh ein neues Brett besorgen?“, war meine nächste Überlegung. Ein zwanzig Kilo schweres Brett, so was allein klauen zu wollen, ist ja schon dämlich genug. Wie der Dieb das überhaupt in der freien Landschaft bewegen wolle, fragte ich mich. Dann fasste ich den nächsten Gedanken: „Wenn ich der Dieb wäre, was würde ich mit dem Brett wohl machen?“

Wir begannen das Gelände abzusuchen. Rund um unseren Liegeplatz schwärmten wir aus – und tatsächlich: in einem Vorgarten entdeckten wir das Surfbrett. Es wartete wohl auf den späteren Abtransport. Wir waren erleichtert. Aber ich hatte jetzt auch keine Ausrede mehr, die durch höhere Gewalt gestützt wurde. Ich musste weiter.

Worms war mein Ziel am dritten Tag gewesen. Ich erreichte die Stadt erst am vierten Tag. Die Nacht war so schwierig wie die davor. Nebelbänke, Schmerzen, Müdigkeit, Alleinsein, Stress. Nicht einschlafen zu dürfen war schwerer als je zuvor, nun, wo mein Körper seine Reserven angriff. Auch mental war ich angeschlagen: Ich musste ständig an meine Tante denken. Sie war in der Woche, bevor wir gestartet waren, ganz plötzlich viel zu jung gestorben. An diesem Tag sollte sie beerdigt werden – und ich konnte nicht einmal Abschied nehmen, weil ich ja auf dem Rhein war.

Mir wurde allmählich klar, dass ich zu viel Zeit verloren hatte. Es war nicht mehr zu schaffen, in sieben Tagen bis zur Mündung zu paddeln. Ich machte trotzdem weiter. Immerhin erreichte ich vertrautes Gelände. Bald kamen die Regionen, die ich aus dem Training kannte. Die Loreley. Der Mittelrhein. Köln.

Das ist hart; nicht wahr? Da hat man sich sechs Monate lang vorbereitet, ein Team eingeschworen, alles gegeben – und dann scheitert es an einem Haufen kleiner und mittlerer Widrigkeiten!

Was hättest du gemacht? Angenommen, du hast dir ein ganz alltägliches Ziel gesetzt, zum Beispiel mit dem Rauchen aufzuhören. Du bist stolz wie Oskar, dass du seit sechs Wochen keine Zigarette mehr angerührt hast, längst hast du den Entzugsschmacht hinter dir – und dann kommt da dieser stressige Tag, der Streit mit dem Chef, die paar Bier zu viel am Abend. Da nimmst du die angebotene Kippe vom Thekennachbarn dankbar an. Und revanchierst dich mit einer, die du am Automaten ziehst. Du rauchst die ganze Schachtel leer. Und kaufst dir gleich am nächsten Tag wieder eine neue.

Ist damit dein Projekt endgültig beerdigt? Die „Mühen der Ebene“, so nennen viele die schwierige Phase, wenn der Zauber des Anfangs verflogen ist, wenn sich Schwierigkeiten einstellen, wenn sich Ziele als Illusion herausgestellt haben. Manche kommen damit klar, andere werfen das Handtuch. Es ist manchmal eine Typenfrage, aber auch eine Frage der mentalen Grundeinstellung und Stabilität. Mit anderen Worten: Schmeiß die frische Packung Zigaretten direkt in den Müll und fang wieder von vorne an mit dem Aufhören, dann hast du gute Chancen, es doch noch zu schaffen.

Angenommen, dein Ziel war, bis Ostern 10 Kilo abzunehmen, aber über Karneval packte dich der Wahnsinn und du bist mit deiner Clique auf große Tour gegangen, hast ordentlich getrunken und tagelang Hamburger, Pommes und Fettgebackenes in dich hineingestopft. Aschermittwoch stehst du auf der Waage und siehst: Die fünf Kilo, die du schon weg hattest, sind fast komplett wieder drauf. Was nun?

Es hilft, wenn man in dieser Phase einen Plan B hat, um sein Ziel doch noch zu erreichen. Wenn ein Plan B nicht hilft oder keine Option ist, kann es sinnvoll sein, das Ziel selbst anzupassen. Diese Flexibilität ist kein Zurückweichen und auch kein „feiger" Weg des geringsten Widerstandes. Im Gegenteil: Nur so erhält man sich die geistige und körperliche Kraft, in die Richtung weiterzugehen, die man am Anfang eingeschlagen hat. Wer nicht flexibel in Bezug auf seine Ziele ist, muss beim ersten Misserfolg aufgeben.

In meinem Fall war der Druck enorm und ich war selbst derjenige, der den Druck aufgebaut hatte. Es war ja ein sehr starres Ziel, das ich mir gesetzt hatte. Nicht nur das: Ich hatte dieses Ziel mit einem ebenso starren Anspruch an seine Erfüllung öffentlich verkündet: Gegenüber Freunden, Geschäftspartnern, Kunden und vor allem in den Medien, die mich vorab begleitet und in der Folge berichtet hatten. Dass viele an diesem Ziel gezweifelt hatten, machte mir die Sache keineswegs leichter, denn gerade denen wollte ich es ja unbedingt zeigen, immer noch!

Flexibel sein hieß also für mich: Gibt es noch einen Weg, mein Ziel doch noch zu erreichen? Die Antwort hieß: nein. Mir hätte jetzt nur noch ein meteorologisches Wunder geholfen, nämlich tagelanger, kräftiger Südwind. Die Wetterprognose stützte die Hoffnung auf ein Wunder nicht.

Also überlegte ich: Welches Ziel erreiche ich noch, wenn ich weitermache? Und da war relativ schnell klar, dass ich, wenn ich schon nicht der schnellste Einzelsportler werden konnte, immer noch beste Chancen hatte, den Rekord im Standup-Paddling deutlich zu unterbieten. Ein „kleinerer“ Weltrekord bleibt trotzdem noch ein Weltrekord!

Deine Flexibel:

- ✓ Wie viel Ordnung und Struktur brauche ich? Wie äußert sich das?

____

____

____

____

- ✓ Wie gehe ich mit Rückschlägen um?

____

____

____

____

- ✓ Was macht bei mir Stress? Wie kannst du diese Energie nutzen?

____

____

____

____

- ✓ Wie sieht der Plan B aus?

____

____

____

____

Du wirst vielleicht keinen Weltrekord vorhaben. Aber wenn du am Aschermittwoch frustriert auf deine Waage guckst, stellt sich für dich exakt die gleiche Frage. Es sind noch 40 Tage bis Ostern, da sollte keiner vorhaben, ganze zehn Kilo abzunehmen, ohne sich zu informieren, was das mit dem Körper macht. Aber du könntest deinen Abnehmplan wieder aufnehmen und sehen, wie weit du bis Ostern kommst. „Seht her!", rufst du dann, „trotz eines irrsinnigen Karnevalsexzesses habe ich es auf sechs Kilo gebracht!". Oder du wartest, bis die zehn Kilo voll sind und sagst dann: „Ich habe es geschafft, bis Pfingsten zehn Kilo abzunehmen! Ist das nicht toll?"

Kennst du den Film „Und täglich grüßt das Murmeltier"? Das ist nicht nur ein moderner Klassiker mit absurdem Humor, sondern auch ein amüsantes Lehrstück über einen Menschen und sein Ziel. Bill Murray muss das Herz von Julia Roberts erobern, um aus einer Zeitschleife zu entkommen. Er scheitert mit jeder erdenklichen Taktik, gibt sich zwischendurch auf, wird sarkastisch, dann hoffnungslos und bringt sich sogar mehrfach um. Nichts hilft, jedes Mal wacht er wieder um sechs Uhr zum selben Radiosong auf. Erst als er erkennt, dass er sich ganz auf sie einstellen und ganz zu sich selbst stehen muss, gelingt es.

Wenn du ein Ziel erreichen willst, kommt es genau darauf an: sich ganz darauf einzustellen und zu sich selbst zu stehen. Außerdem ist es wichtig, bei Stress nicht den Kopf zu verlieren. Du steckst ja nicht in einer Zeitschleife wie Bill Murray. Der hatte alle Zeit der Welt, in Selbstmitleid und Lebensekel zu versinken. Dir wird es helfen, wenn du vorab schon einmal überlegst, was dich stressen kann. Es gibt Stressoren, die mit deiner Persönlichkeit zu tun haben und solche, die spezifisch für deine Ziele sind. Versuche, sie möglichst konkret zu benennen und vollständig hinzuschreiben. Erweitere die Liste, wenn dir noch etwas einfällt.

Etappe 5: Leistungsfähigkeit voll ausschöpfen

mehr Zeit, mentale Stärke, Regeneration

Hast du dich eigentlich bis jetzt einmal gefragt, ob ich meinen Weltrekordversuch nicht auch als touristische Operation geplant hatte? Immerhin ist der Rhein gespickt mit Sehenswürdigkeiten. Tolle Schlösser, atemberaubende Felsen, schmucke Städtchen. Die Wahrheit ist, dass ich dafür leider so gut wie keinen Blick hatte. Ich hatte schlicht anderes im Kopf.

Der fünfte Tag brachte mich bis zur Loreley. Ich fühlte mich wieder gut und hatte meinen Glauben wiedergefunden, dass ich es schaffe anzukommen. Emotional war ich also wieder stabil: eine gute Voraussetzung dafür, meine Leistungsreserven voll auszuschöpfen.

Wer sein Potenzial ausschöpfen will, muss über sich hinausgehen können. Das ist das Prinzip der bewegten Meditation, die ich in der Vorbereitung erlernt hatte. Du erinnerst dich: das Laufen über heiße Kohlen. Wenn man bis zu 22 Stunden am Tag nasse, kalte Füße hat, ist es ein bisschen so, als würde man ständig über heiße Kohlen gehen. Oder in dem Fall halt über Eiswürfel; das kann genauso schmerzhaft werden.

Aber wer Schmerzen ausblendet, ignoriert auch deren Grund. Er überreizt sein Blatt, mobilisiert Reserven, die er nicht mehr hat und geht mitunter massiv an die Substanz. Dieser Gefahr war auch ich ausgesetzt. Nach der Tour, als der Adrenalinpegel zurückging und die Erholung einsetzte, merkte ich, dass meine Zehen und Füße taub waren. Ich hatte es definitiv übertrieben. Heute weiß ich, dass es genau an diesem Abschnitt begann, an dem ich fühlte, dass ich neue Kraft tankte. Motivation ist ein zweischneidiges Schwert.

Motiviert jedenfalls war ich. Der Wind hatte sich gelegt und seit meiner Abfahrt in Worms riss ich gnadenlos Kilometer herunter. Ich kam so schnell voran, dass ich sogar Hoffnung schöpfte, die verlorene Zeit doch noch aufzuholen. Mit dem Verkehr auf dem Rhein kam ich nun gut zurecht, lediglich in Mainz wurde es noch einmal haarig, denn an der Einmündung des Mains herrscht tatsächlich ein großer Auftrieb.

Schlimmer war mein Kampf gegen die Müdigkeit. In der fünften Nacht fuhr ich durch den UNESCO-geschützten Teil des Mittelrheintals, eigentlich der schönste Streckenabschnitt mit stolzen Burgen und beeindruckenden Hängen. Davon bekam ich nicht gerade viel mit, dafür begegnete ich einer 20 Meter hohen Senseo-Kaffeemaschine – mit einem roten Boot als Kaffeebecher. Was wollte mir mein Körper wohl damit sagen? Hatte ich es endgültig übertrieben? Wollte er mich mit derlei Halluzinationen zum Aufgeben zwingen? Oder zumindest zum Schlafen?

Ich ließ mir etwas einfallen, um mir das Wachbleiben zu erleichtern: ich versuchte mich mit lautem Singen und Schreien wach und motiviert zu halten. Ich erfand sogar einen eigenen Radiosender, der nur meine Lieblingslieder spielte. Der Nachteil: Ich musste alle Lieder selber singen.

Trotzdem begann ich genau hier, mich auch mental endlich freizumachen. Ich nahm mir Zeit für mich, einfach nur den Moment genießen. Als es wieder hell wurde, gönnte ich mir ab und zu sogar den Luxus einfach um mich zu sehen und über die Schönheit um mich herum zu staunen.

Alle Menschen, die mir vorher von der Tour abgeraten haben und nicht an mich geglaubt hatten, waren jetzt ausgeblendet. Menschen, die mir ins Gesicht gesagt hatten, dass ich diese Tour nur aus PR-Gründen machen würde, spielten jetzt keine Rolle mehr in meinem Kopf. Sie hatten es nicht verstanden. Das war ihr Problem, wenn überhaupt. Meines war es jedenfalls nicht mehr.

Wirklich Zeit für die schönen Dinge hatte ich allerdings dann doch nur bedingt. Zu stark war mein Impuls, schneller nach vorne zu kommen, zu wichtig waren die Hindernisse, die sich immer wieder präsentierten. Die Loreley, das weiß man schon aus den alten Legenden, ist ein tückischer Felsen. Um sieben Uhr morgens war ich dort – mir war es wichtig, die Stelle im Hellen zu passieren. Es kostete mich meine ganze Aufmerksamkeit, an der Loreley vorbeizukommen. Für die beeindruckenden Schieferwände hatte ich nun doch keinen Blick mehr übrig.

Danach kam ich in bekanntes Gelände. Hier hatte ich bereits trainiert, hier kannte ich den Fluss und die Gegenden, an denen ich vorbeikam. Meine Heimat rückte immer näher. Ich befand mich nun in einer Art Dauerflow.

Auch das Wetter war ideal. Es war sonnig geworden und der letzte Augusttag ließ schon die Vorahnung einer wunderschönen Nachsaison aufkommen. Ich surfte vor mich hin und genoss den Moment, die ganze Zeit immer dasselbe zu machen. Eine kontemplative, geradezu mönchische Tätigkeit, ein bisschen wie in einer Zen-Schule. Dreimal links, dreimal rechts, was konnte es Schöneres geben?

Selbst die Schmerzen waren verschwunden. Rücken, Schultern, Beine, alles funktionierte wieder einwandfrei. Ich fühlte mich mit meinem Körper, Geist und der Umwelt in einer Einheit. Ich war ganz bei mir.

Der intensivste, schönste Flow stellt sich oft nachts ein. Hier werden die Außenreize minimal, man sieht nur ein paar Lichter und hört so gut wie nichts., selbst die Schiffe sind oft leise, man hört sie fast erst, wenn sie an einem vorbeigleiten. Wo das Rheintal eng wird, kommt das Geräusch vorbeifahrender Güterzüge hinzu, mal näher, mal ferner. Aber meistens begleitete mich nur das leise Gluckern des Wassers unter dem Surfbrett. Ich war ganz im Hier und Jetzt.

Deine Leistungspotentiale:

- ✓ Auf welchem Fitnessniveau befinde ich mich?

  ____

  ____

  ____

- ✓ Wie viel Zeit habe ich für mich? Wann? Was mache ich genau?

  ____

  ____

- ✓ Welche Dinge bremsen meine mentale Kraft?

  ____

  ____

  ____

  ____

- ✓ Wie und wann regeneriere ich am besten?

  ____

  ____

  ____

  ____

Hast du dir vielleicht ein sportliches Ziel vorgenommen? Nehmen wir doch einmal den Marathonlauf. Früher war das etwas für Ausnahmesportler, heute nehmen sich das alle möglichen Leute vor: Familienväter, Studentinnen, Rentner, Schüler, selbst Krebspatienten… Menschen wie du und ich. Heutzutage ist vieles, wofür man früher allgemein bewundert worden wäre, zu einem Alltagsziel geworden, das man vor allem für sich selbst anpeilt. Ich finde es auch besser so. Ruhm ist legitim, aber das Gefühl erfolgreich zu sein, ist nicht nur leichter zu erreichen, sondern auch viel angenehmer im Erleben. Ruhm ist zweischneidig, Erfolg nicht.

Apropos Ruhm: Ich werde häufig gefragt, ob ich nicht gerne im Guinness-Buch der Rekorde aufgetaucht wäre. Ganz ehrlich hätte mich das tatsächlich gereizt, das muss ich zugeben. Deswegen habe ich bei der Redaktion auch nachgefragt, was man dafür erfüllen muss. Ein offizieller Rekord mit Vermerk im Guinness-Buch hätte mich allerdings zwischen 20.000 und 30.000 Euro gekostet. Ich habe dann leichten Herzens auf den Ruhm verzichtet.

Gehen wir nun noch einmal die Liste durch: Konntest du meinen Fragen gut folgen? Zunächst ist es wichtig zu wissen, wo du vom Level her bist, wenn du die Entscheidung triffst Marathon zu laufen. Bei zehn Kilometern in unter einer Stunde? Gar bei einem absolvierten Halbmarathon? Oder vielleicht nur beim langsamen Joggen alle zwei Monate?

Wie viel Zeit hast du? Wer will diese Zeit noch alles belegen: Chef, Freunde, Eltern, Partner, Familie, Verein? Du brauchst einige Wochen, vielleicht viele Monate, um dich auf Marathonniveau heranzuarbeiten. Kannst du dich durchsetzen, dass du diese Zeit gewährt bekommst? Nutzt du sie dann auch?

Mentale Probleme können beim Training immer auftreten. Ein Klassiker ist die Winterdepression. Du kannst dich nicht aufraffen, außerdem ist es kalt und nass und dunkel draußen. Aber auch, wenn du dich überfordert hast, kann dich das im Fortschritt bremsen. Diese Anstrengung noch überbieten zu müssen, jagt dir Angst ein.

Daher ist es wichtig, sich regenerieren zu können. Ich selbst bin ja nicht probeweise den kompletten Rhein abgefahren, das wäre gar nicht möglich gewesen. Viele Debütanten beim Marathon sind auch nicht vorher die ganzen 42 Kilometer im Training am Stück gelaufen. Gib Acht, dass du nicht heiß läufst; Übermotivation tut auch nicht gut.

Hast du ein nicht-sportliches Ziel? Auch hier gibt es Fitnesskriterien. Schätze dein Niveau auch auf geistigem und mentalem Gebiet ein. Wenn du bei „Wetten, dass?“ mit einer phänomenalen Gedächtnisübung dabei sein oder meinetwegen auch nur bei „Wer wird Millionär“ die Vorauswahl überstehen willst, brauchst du ein Fitnessniveau, das du dir vielleicht erst erarbeiten musst. Wenn du dein Lampenfieber in den Griff bekommen willst, startest du per Definition von einem relativ niedrigen mentalen Niveau aus. Hol dir Hilfe, wenn du es allein nicht schaffst – und sei es nur, dass du jemanden bittest, einmal zu assistieren und seine Meinung zu sagen. Und dann nimm dir ein paar Tage Auszeit, wenn das Feedback ernüchternd ausfällt.

Etappe 6: Fokussieren auf das Wesentliche

Das Gute Gefühl, Energieräuber und Erfolgsfaktoren

„Motiviert extrem“ – das war ich, als ich am siebten Tag morgens in Köln ankam. Ich fühlte ich mich wirklich zuhause. Ich wohnte in Sürth im Kölner Süden, wo der Rhein einen weiten Bogen macht, und konnte genau die Stelle erkennen, wo meine Wohnung war. Hier war ich zuhause, hier fühlte ich mich gut. Hinzu kam, dass viele meiner Freunde am Ufer und auf Brücken standen und mich anfeuerten. Manche hatten Transparente drucken lassen. Von der Kölner Südbrücke hing eine Stoffbahn: „Go, Chris, go!“ stand darauf. Es war ein langes Transparent, aber von unten sah es fast aus wie ein Serviettenschnipsel. Meine Unternehmerfreunde, die zu zehn, zwanzig Leuten seit sieben Uhr in der morgendlichen Kühle ausgeharrt hatten, erzählten mir später, ich sei erstaunlich schnell unter ihnen hindurchgerutscht.

Dieser Zuspruch, dieser Einsatz, ja diese Leidenschaft, obwohl es doch ich war, jemand ganz anderes als sie, mit dem sie privat nicht einmal unbedingt viel zu tun hatten: das hat mich schon sehr ergriffen. Niemand ist ja verpflichtet, sich vier Stunden sonntagmorgens in den Septemberwind zu stellen und die Hände notdürftig am Kaffeebecher zu wärmen, nur um für einen winzigen Moment einen Kollegen unter sich her huschen zu sehen, der auch nicht viel mehr machen kann, als kurz zu winken und dann auf der anderen Seite zwischen Kranhäusern und Aurora-Mühle im Dunst verschwindet.

Ich befand mich in einem emotionalen Hoch. Jeder Sportler weiß, wie wichtig das Anfeuern ist – aber ich hatte mir ja ein einsames Unterfangen ausgesucht. Die vielen Freunde und Bekannten, die nun mit einem Mal auftauchten und riefen und jubelten, die sorgten für die schönsten Momente, die ich auf der ganzen Tour bis dahin hatte. Mit einem Blick auf den Kalender hätte ich eigentlich nicht so einen Grund zur Freude gehabt: Weniger als ein Tag blieb mir theoretisch noch, um den Rekord einzustellen. Ein Ding der Unmöglichkeit, das wusste ich. Aber aus der Jagd nach dem Weltrekord war längst ein Kampf zwischen Gut und Böse geworden: Gut waren mein Team und ich, meine Freunde und Unterstützer, alle die mir Kraft gaben. Böse dagegen waren meine Zweifel und die widrigen Umstände. Der innere und der äußere Feind. Der schlimmste äußere Feind wurde im Verlauf des Tages wieder der Wind.

Am Anfang war die Situation noch erträglich. In Neuss und Düsseldorf standen Freunde und Familie am Ufer und feuerten mich an. Auch sie hatten Transparente gemacht: „1.200 Kilometer Rhein, du packst das!“, stand darauf. Es ist wie der berühmte Trommelwirbel, der Kämpfer zur Höchstleistung anspornt. Das alles gab mir immer wieder neue Energie. Ich war stolz, bis hier hin gekommen zu sein. Aber ich hatte noch ein paar Kilometer vor mir. Und nach einem Hoch lässt der nächste Einbruch nicht lange auf sich warten. Ab Düsseldorf entfernte mich endgültig wieder von meinem Zuhause, war aber noch ziemlich weit vom Ziel entfernt. Keine günstige Lage.

Und der Wind wurde immer heftiger. Es war nun schon der dritte oder vierte Tag, an dem ich ununterbrochen gekämpft hatte. Immer wieder habe ich mich auf das Wichtige fokussieren müssen. Paddeln links, paddeln rechts. Keine Energie an das verschwenden, an dem man nichts ändern kann. Ich wurde immer langsamer, in 24 Stunden hatte ich mich gerade mal von Köln nach Duisburg bewegt. Mit dem Auto fahre ich die Strecke in einer dreiviertel Stunde. Gut – ich nehme nicht die Rheinschleifen mit. Trotzdem war es bitter. Und es wurde immer schlimmer. Hinter Wesel biegt sich der Rhein etwas nach Westen, ein steifer Wind blies mir direkt ins Gesicht.

Nur noch 50 Kilometer schaffte am ganzen nächsten Tag, wenig mehr als sonst in einer einzigen Teiletappe! Ich fluchte unablässig und versuchte voran zu kommen. Es war nicht mein Körper, es war auch keine mentale Schwäche. Es war einfach zu windig. Irgendwann, kurz vor Emmerich, gab ich auf: Es war so stürmisch geworden, dass ich trotz kräftigen Paddelns und der Unterstützung durch die Flussströmung rückwärts getrieben wurde. Man kann sich gar nicht vorstellen, wie frustrierend das ist.

Ich ließ mich in den Kies fallen, fing an zu weinen wie ein kleines Kind und war fest entschlossen, das ganze Vorhaben aufzugeben. Mir kommen heute noch fast die Tränen, wenn ich an diese Situation denke. Nicht aus Selbstmitleid, sondern weil das Gefühl der vergeblichen Anstrengung allzu übermächtig und so niederschmetternd war, dass ich es heute noch geradezu mit Händen greifen kann. All die vielen Stunden Vorbereitung, all die Menschen, die mich unterstützten, all die Hilfe, der Zuspruch aus dem Team: das war mir in dem Moment egal. Ich wollte nicht mehr!

Das Team tat das einzig Vernünftige, was in so einem Fall zu tun ist: Es hat mich überredet eine längere Pause zu machen. Es ist ja sinnlos weiterzumachen, wenn man seine Kraft für eine Rückwärtsbewegung vergeudet. Im Vergleich dazu war ich schneller am Ziel, wenn ich gar nichts tat. Wir fuhren in den nächsten Ort und gingen erst einmal eine schöne Pizza essen. Vielleicht hat mir keine noch so gute Pizza bis dahin so geschmeckt wie diese – es war einfach der köstliche Moment, sich etwas Gutes zu tun, der die Pizza so köstlich gemacht hat.

Ich tat mir noch mehr Gutes. Ich ging auf eine richtige Toilette und außerdem unter eine Dusche, in der ich mir endlich einmal Zeit nahm. Währenddessen sah mein Team den Wetterbericht an. 42 Stundenkilometer war der Wind stark gewesen, der mich aufgehalten hatte. Zwar kein Orkan, nicht mal ein

Sturm, nach der Beaufort-Skala „nur“ ein starker Wind. Aber ein Wind, der Bäume schwanken lässt, in Drähten pfeift und für Wellengang mit Schaumkronen sorgt, ist für einen Standup-Paddler eben zu viel.

Für den nächsten Tag allerdings war eine deutliche Wetterberuhigung angekündigt. Der Wind sollte abflauen. Ich hatte schon befürchtet, dass er noch stärker wird, wenn wir uns der Nordsee nähern. Stattdessen passierte das genaue Gegenteil. Ich weiß nicht, wie ich mich entschieden hätte, wenn es anders gekommen wäre; vielleicht hätte ich die Tour doch noch abgebrochen.

In solchen Momenten ist es gut, sich noch einmal auf die wesentlichen Punkte zu konzentrieren.

Das Wesentliche:

✓ In welchen Situationen fühle ich mich so richtig gut?

____

____

____

____

✓ Wer/ was gehört zu meinen Energienehmern/ Energiegebern?

____

____

____

____

____

____

____

✓ Was brauche ich wirklich um erfolgreich zu sein?

____

____

____

____

Was dich mental blockieren könnte, hatte ich dich im vorigen Kapitel gefragt. Diesmal sind die Fragen etwas einfacher: Schreib doch einfach einmal auf, was dir Energie nimmt und was dir Energie gibt. Am besten in eine Tabelle: Links Nehmer, rechts Geber. Was fällt dir ein? Auf meinen Vorträgen kommen immer besonders schnell die Energienehmer zur Sprache und sehr viele von ihnen sind immer gleich: Besprechungen. Lange Arbeitstage. Hektik. Bürokratische Chefs. Es sind im Alltag tatsächlich häufig Menschen, die Energie nehmen, nicht unbedingt Wind und Wetter.

Aber es gibt auch eine Menge Energiegeber, und das sind überwiegend ebenfalls Menschen. Menschen, die dir Kraft geben: weil sie dich lieben, weil sie deine Ideen schätzen oder solche, mit denen du eigentlich nicht viele Worte wechseln musst, weil es ein tiefes Grundverständnis gibt. Natürlich gibt es auch viel alltäglichere Dinge, die Energie geben: Kaffee, Cola...oder der Energieriegel, der ja tatsächlich dafür gemacht ist, dass er dir Energie gibt.

Etappe 7: Andere mit Energie anstecken

Support und neue Energie

Wo wir schon beim Thema Energie sind: Nach den physischen Gesetzen kann Energie weder produziert noch zerstört werden. Mann kann nach dem ersten Hauptsatz der Thermodynamik auch nicht beliebig Wärme in Arbeit umwandeln. Manchmal staune ich, wie logisch alles ist: Motivation funktioniert ja genauso, nahezu naturwissenschaftlich. Egal, wie man brennt: Umsetzen kann man das immer nur zum Teil. Ein Perpetuum Mobile gibt es nicht. Aber die Energie ist trotzdem da.

Motivation wirkt andererseits vielschichtiger als natürliche Energie. Es widerspricht den Gesetzen der Thermodynamik, Energie an jemand anderes abzugeben ohne selbst an Energie zu verlieren. Aber genau das ist bei mir der Fall gewesen: Ich habe Menschen mit Energie angesteckt, die ich nicht abgeben musste. Es entzündete sich in diesen Menschen von allein.

Es ist wie mit Wissen: Das wird auch nicht weniger, wenn man es teilt, sondern mehr. Das ist, was mich im Leben antreibt: Andere mit Energie anzustecken. Tut dir das auch gut? Dann überlege einmal für dich, wem du mit deinen Zielen etwas Gutes tun kannst. Es gibt sicher Menschen in deiner Umgebung, die schon allein davon profitieren, dass du überhaupt dein Ziel verfolgst: Deine Kinder finden nicht mehr, dass du stinkst, wenn du dir das Rauchen abgewöhnt hast, deine Frau oder dein Mann küsst dich wieder öfter und selbst deine Katze kann dir dankbar sein, dass sie bei der Fellpflege nicht mehr den ganzen Teer ablecken muss.

Aber du kannst dir auch vornehmen, etwas zu spenden, aus reiner Dankbarkeit dafür, dass du ein Ziel erreicht hast. Oder eine andere gute Tat tun. Du hast dir sicher mal eine bestimmte gute Tat vorgenommen, aber aus Zeitmangel nie getan. Die Oma von nebenan zum Augenarzt fahren, den Obdachlosen, den du immer mit schlechtem Gewissen umrundest, mit 50 Euro zu beglücken oder ein Patenkind aus Burkina Faso unterstützen: Was es letztlich ist, bleibt dir überlassen.

Und jetzt schreibe dir eine lange Liste von Personen auf, die du mit deiner Energie anstecken kannst. Auch wenn dir am Anfang vielleicht niemand einfällt: Es kommen sicher 15 bis 20 Leute zusammen. Es werden die unterschiedlichsten Gründe sein, die sie für bestimmte Dinge motivieren. Manche überlegen plötzlich, dass sie ja auch einmal wieder Joggen gehen könnten, wenn du es schon gepackt hast. Vielleicht wollen sie gar mit dir mitlaufen. Andere gehen einfach besser gelaunt in den Tag. Nicht jeder wird dir davon erzählen. Vielen wird es vielleicht nicht einmal auffallen. Aber du kannst dir sicher sein, dass es passiert. Und das hilft ja schon gewaltig dabei, dich selbst zu motivieren.

Deine Energieliste:

- ✓ Welche Unterstützung kann ich anderen geben?

  ____

  ____

  ____

- ✓ Wen kann ich mit meiner Energie anstecken?

  ____

  ____

  ____

  ____

- ✓ Woher beziehe ich meine Energie für das nächste Ziel?

  ____

  ____

Mein Ziel war zum Greifen nahe, trotz aller Widrigkeiten. Natürlich hatte das Team die richtige Entscheidung getroffen: Im Verlauf der Nacht hatte ich mich wieder gefangen, das Wetter hatte sich beruhigt und um zwei Uhr morgens machte ich mich wieder auf den Weg. Dieses Erlebnis war so einschneidend, dass ich die Zählung der Tage an dieser Stelle unterbrochen habe. Es war zwar eigentlich noch Tag 8, erst um sieben Uhr begann offiziell der neunte Tag. Und außerdem habe ich ja etwas länger als neun Tage gebraucht, es müsste eigentlich einen zehnten Tag in meinem Bericht geben. Aber das war jetzt sowieso egal, ich war ohnehin tags und nachts unterwegs.

Eigentlich war das, was jetzt begann, ein 36 Stunden währender, berauschender Schlussspurt und verträgt gar keine Einteilung in Tage mehr. Plötzlich brach sich Bahn, was ich zwischendurch gar nicht mehr empfunden hatte: eine grenzenlose Zuversicht, ein überwältigender Optimismus, es jetzt zu Ende zu bringen. Mein Team berichtete mir später, dass meine Mutter noch am selben Morgen angerufen hatte um mir viel Erfolg für die letzte Etappe zu wünschen.

Auch das Team hatte wieder Kraft getankt. Nach der Pause in Emmerich waren alle so erschöpft und ausgelaugt gewesen, dass wir die beiden Jungs durch frische Leute ersetzen mussten; nur meine Freundin machte weiter. Die Woche hatte auch bei meinem Team deutliche Spuren hinterlassen: Schließlich hatten sie gar keine Zeit gehabt, sich so auf die Challenge vorzubereiten wie ich. Sie litten unter permanentem Schlafmangel. Manchmal waren sie so müde, dass ich, wenn ich gut drauf war, das Gefühl hatte, ich sei der einzige motivierte Teilnehmer der Tour. Ganz so, als müsste ich sie anspornen statt umgekehrt. Das war natürlich Quatsch. Wie oft hatten sie mich beim Wecken konsequent aufrütteln müssen, damit ich weiter machte, während ich im Halbschlaf um Minuten gebettelt habe!

Die drei hatten sich einen Schichtdienst eingerichtet, der im Drei-Stunden-Takt verlief: Drei Stunden Schlaf, drei Stunden Fahren und Kommunikation, drei Stunden Assistenz und Aufpassen. Das war zwar nicht so extrem wie mein Rhythmus – aber mach das mal eine Woche lang und du weißt, was du geleistet hast. Vor allem, wenn du diesen Rhythmus vorher nicht trainiert hast.

Ich geriet an diesem letzten Tag in ein Dauerhoch. Voll neuer Energie paddelte und paddelte ich. Die holländische Marschlandschaft zog förmlich an mir vorbei. Ich hatte die ganze Zeit den einen Gedanken: „Heute komme ich an!“ Wie um mich zu belohnen, brach nun das schönste Sommerwetter an. Der Himmel war wolkenlos, die Sonne schien von morgens bis abends. Es war vollkommen windstill. Die reine Freude.

Der schönste Moment der Tour kam tatsächlich zum Schluss – aber nicht erst am Ziel, sondern in dem Moment, als ich am letzten Tag nach der letzten Pause das letzte Mal aufs Brett stieg und genau wusste: Jetzt noch mal dreieinhalb Stunden paddeln und dann bist du da. Es ist diese Mischung aus Es-geschafft-haben und Noch-einmal-auskosten, dieses unvergleichliche Gefühl, dass jetzt nichts mehr schief gehen kann, dass jetzt der krönende Abschluss ansteht. Ich konnte das Meer förmlich riechen.

Nachmittags war es dann tatsächlich so weit: ich ließ mich in den warmen Sand von Scheveningen plumpsen. Ich hatte es geschafft! Nach dieser Gewaltetappe wieder festen Boden unter den Füßen zu spüren, war schön. Ich hatte fast das Gefühl, ich sei immer noch auf dem Wasser.

Nun, mit den Füßen im Sand und dem Seewind um die Nase, ließ ich meine Tour Revue passieren. Ich hatte allen Grund zur Zufriedenheit, denn ich hatte tatsächlich einen Rekord aufgestellt: Den Rekord im Standup-Paddling auf dem Rhein. Die Bestmarke hatte ich glatt halbiert! Auch wenn das Kajak schneller gewesen war: Ich konnte stolz auf mich sein. Noch heute sehe ich das ganze Unternehmen als einen großen Erfolg an. Und noch etwas fühle ich: tiefe Dankbarkeit. Allen voran für mein Team, aber auch für die vielen Freunde, für die Familie, die ich habe und die mich unterstützt, dafür, dass ich Sponsoren gefunden hatte und dafür, dass auch andere an mich geglaubt haben – vielleicht fester, als ich das selbst tat.

Eine Kollegin sagte mir später, dass ich sie mit Energie angesteckt hatte. Sie hatte mich gar nicht auf der Tour begleitet, so dass dies anders funktioniert haben musste als bei meinem Team, das mit mir gemeinsam an der holländischen Grenze tief Luft holte für das Finale. Dass ich ohne aktives Zutun bewirken konnte, dass Menschen sich mit Energie aufladen, hätte ich in dem Maße niemals für möglich gehalten. Meine Kollegin bekam zu dieser Zeit relativ viel von mir mit, auch viel Privates.

Dadurch kannte sie nicht nur meine Ängste, sondern auch meine Leistungsbereitschaft. Sie selbst, so sagte sie mir später, habe große Sorge um mich gehabt. Ich fand schon damals toll, dass sie mir Hilfe anbot und viel von sich selbst in dieses Abenteuer investierte. Aber dass ich ihr Energie gab, ohne sie überhaupt zu sehen? Da war ich schon sehr gerührt. Ihr Elan wiederum steckte Menschen in ihrer eigenen Umgebung an. Sie war während der ganzen Tour das Bindeglied zwischen meinem Team und den Kölner Freunden. Sie sagte mir: „Ich habe mir vorgestellt, selbst auf dem Brett zu sein. Allein, dass man so etwas machen kann! Wärst du dann nicht enttäuscht, dass niemand am Ufer steht, wenn du in deiner Stadt vorbeikommst?“

Mich hat das sehr bewegt. Ich fand den Gedanken toll, auch anderen etwas zu geben, nicht nur immer Unterstützung für mein eigenes, ganz persönliches Ziel zu erwarten – und zu erhalten. Dass ich aber allein dadurch, dass ich mein eigenes Ziel verfolgte, schon imstande war, meine Umwelt zu elektrisieren und zu eigenen Aktionen zu motivieren, dass hätte ich in dem Ausmaß nicht erwartet. Allein, dass sie mir das erzählten, war schon wieder eine Übertragung von neuer Energie an mich!

Das erste Mal in meinem Leben erfuhr ich, dass ich Vorbild war. Natürlich, als Personal Trainer muss ich immer in gewisser Hinsicht Vorbild sein. Mein Beruf besteht darin, andere in ihrer Zielsetzung zu unterstützen und sie zu motivieren. Das funktioniert nicht, wenn ich nicht selbst fit bin. Ich kann mich noch an eine Klientin erinnern, die, als sie mit dem Training bei mir anfing, stark übergewichtig war. Als sie Monate später mit einem Venenverschluss in die Klinik musste, rief sie mich an und fragte mich, ob sie trotzdem weitertrainieren dürfe. Das fand ich schon eine wunderbare Sache.

Aber diesmal war es noch einmal ganz anders: Ich war ausschließlich mit mir selbst beschäftigt. Es war also mein Beispiel allein, das gereicht hatte, Menschen Energie zu geben. Ich fühlte mich regelrecht geschmeichelt. Später musste ich darüber lachen, weil mir ja niemand damit schmeicheln wollte, dass er von mir Energie bekommen hatte. Trotzdem: es tat gut.

Ich wollte auch aktiv und konkret etwas geben. Vielleicht kennst du die Stiftung Villa Kunterbunt? Zugegeben, es ist kein Projekt, das man aus Funk und Fernsehen kennt. Es ist eine private Einrichtung im Umfeld der Kölner Uniklinik, in dem psychisch kranken Kindern geholfen wird, wieder gesund zu werden. Hier werden immer Spenden benötigt: Für die Anschlusstherapie, die nicht von den Kassen getragen wird, für kreative Projekte und das Erleben in der Natur, das für das seelische Gleichgewicht von Kindern so wichtig ist. Schon vorab hatte ich mein Projekt auch zu einer Art Sponsored Walk zugunsten der Villa Kunterbunt gemacht. Nachdem nun meine Tour vorüber war, versteigerte ich das Brett und spendete den Erlös der Einrichtung.

John F. Kennedy hat mal gesagt: Frag nicht, was dein Land für dich tun kann, frag, was du für dein Land tun kannst. Gut, ich bin kein Präsident und führe kein Land. Aber ich wollte genauso auch einmal etwas für andere tun. Auch wenn es doch eigentlich um meine Ziele, mein ganz eigenes Ding ging.

Es fühlt sich toll an, anderen Menschen etwas zu geben. Das kennst du sicher auch. Im Alltag bist du mit den wenigsten Projekten wirklich allein. Wer seinen Kollegen hilft, wer motivieren oder bei einem Misserfolg trösten kann, erfährt sehr oft Feedbacks, die gut tun. Aber selbst wenn du nur in der Teeküche jemandem von deiner ganz persönlichen Herausforderung oder

Zielsetzung erzählst, kann es sein, dass du damit motivierst – ohne es überhaupt zu wissen.

Und eins ist sicher: Wenn du dein großes Ziel erreicht hast, dann bist du reif für den nächsten Schritt. Dann freust du dich schon auf die nächste Herausforderung!

Was jetzt zu tun ist

Wozu habe ich dir das jetzt alles erzählt? Gehen wir noch einmal ganz zurück an den Anfang: Im Vorwort habe ich bewusst provokativ vorgeschlagen, einfach mit dem Schlafen aufzuhören, wenn du das Unmögliche schaffen willst. Das ist natürlich Quatsch. Niemand muss extrem leben; es ist nicht gesund und für manche Ziele sogar völlig kontraproduktiv. Ich hätte ja selber schön bei meinem Übermenschenschlaf bleiben können – aber auch ich schlafe heute wieder normal.

Mir war etwas anderes wichtig, dir auf den Weg zu geben: Wer etwas reißen will, der muss aus seiner Komfortzone raus. Den ganzen Tag auf dem Sofa sitzen und Chips in sich reinstopfen – das ist wohl in keinem Falle gut, das weiß ja jeder. Aber Komfortzonen beginnen weit vorher. Selbst dynamische Manager, erfolgreiche Unternehmer oder durchtrainierte Leistungssportler, können sich in genau dieser Rolle eine Komfortzone eingerichtet haben. Natürlich haben sie trotzdem Qualitäten, aber sie entwickeln sich nicht mehr weiter. Selbstverständlich werden sie Projekte irgendwie zum Erfolg führen. Aber sie werden vermutlich nie wissen, was wirklich möglich ist und was alles in ihnen selbst steckt.

Sieh dir deine Notizen noch einmal gründlich an. Du hast jetzt eine Struktur. Einen Plan. Im Grunde kannst du loslegen mit deinem Ziel. Der längste Weg beginnt mit dem ersten Schritt. Die gute Nachricht ist: Du stehst, wenn du dir dein Ziel smart ausgesucht hast, vor einer lösbaren Aufgabe. Die schlechte Nachricht ist: Auf dich, ganz allein auf dich kommt es jetzt an. Du kannst jetzt nicht mehr einfach so das Buch weglegen und sagen: „Wie inspirierend. Das mach ich bestimmt mal irgendwann die Tage." Du hast jetzt schon so viel gedankliche Arbeit investiert, dass es geradezu unsinnig wäre, jetzt wieder aufzuhören mit deinem Projekt.

Du hast an meinem Beispiel gesehen: Ich bin kein Held. Das klingt beruhigend. Andererseits: Wenn man für mein durchgeknalltes Projekt kein Held sein muss, dann muss man es für alltäglichere Ziele erst recht nicht sein. Und da wird es dann unbequem, weil mein Fazit ist: Was du dir auch vornimmst, du wirst es schaffen.

Was machst du morgen?

Über den Autor:

Chris Ley begleitet als Trainer und Coach Menschen auf dem Wellenritt ihres Lebens. Dabei zeigt er ihnen nicht nur, was gesund ist und wie man sich fit macht oder hält, sondern vor allem, wie sie es im Alltag umsetzen und durchhalten können – praxisnah und für jedermann, vom Spitzensportler bis zum Bewegungsmuffel. Chris Ley ist leidenschaftlicher Sportler, Buchautor, Vortragsredner, Personal Trainer, Fitness-Coach und Weltrekordhalter im Stand-up-Paddeln. In hunderten Trainings und Coachings hat der Profi in Sachen Gesundheit, Fitness und Ernährung Menschen zu mehr Wohlbefinden verholfen und gilt als Experte rund um die Themen Motivation und Erfolg. Er ist Persönlichkeitsentwickler für ein besseres und fitteres Leben. Dabei verzichtet er auf erhobene Zeigefinger und nervige Ernährungsanweisungen, setzt stattdessen auf die Erkenntnisse der modernen Psychologie, der Sportwissenschaften und der Persönlichkeitsentwicklung sowie auf den motivierenden Willen und schnelle Erfolge derjenigen, die mit ihm arbeiten.

Weitere Informationen unter www.chris-ley.de.

Printed by Books on Demand GmbH, Norderstedt / Germany